LETTRES

A MON COUSIN NICOLAS,

SUR LES AFFAIRES DU TEMS;

PAR UN FLANEUR.

Lisciam da parte i temi troppo seri,
Il dun quanto si puo · pur troppo è pienna,
La vita d'atri et torbidi pensieri,
Che ci piiomban sui cor in larga pienna.

LORENZO PIGNOTI.

A BORDEAUX,

DE L'IMPRIMERIE DE LAGUILLOTIÈRE ET COMP.,

RUE DU GRAND-CANCERA, N.° 17.

1826.

AVIS AU LECTEUR.

Tu sais, ami lecteur, que la ville de Salins a été détruite par les flammes; que l'appel fait à la générosité française a été entendu par toutes les classes de la population; et, que chacun, selon ses facultés, s'est empressé de venir au secours des malheureuses victimes de cet incendie, quoiqu'un insolent Albionnais, lord Stanhope, ait dit que *le peuple français était le plus égoïste et le plus immoral.* Tu sais encore que la mort vient de frapper le plus éloquent défenseur de nos libertés publiques; que le général Foy, en descendant au tombeau, n'a laissé pour héritage à sa famille que son épée, ses lauriers, et trente ans d'une vie sans reproche; que la nation adopte ses enfans, et qu'elle va élever un monument à sa mémoire.

Mais tu ignores qu'ayant aussi voulu faire mon offrande, je me suis trouvé pris au dépourvu à mon grand crève-cœur. Ce petit incident m'a plus peiné que surpris; car personne mieux que moi ne connaît l'exiguïté de mes moyens pécuniaires. Cependant je tenais beaucoup à pouvoir me dire un jour, à voix basse, que j'avais coopéré, pour ma cote-part, à soulager quelques-uns de mes compatriotes; à la réédification d'une cité; à l'érection d'un monument destiné à perpétuer de glorieux et touchans souvenirs; que telle ardoise, tel soliveau, tel bas-relief était payé du montant de mon humble souscription. Comment puis-je y parvenir, me disais-je, moi qui ne dépense pas un pauvre écu sans regarder tristement le chemin qu'il prend; qui suis obligé de distribuer chaque mois à mon tailleur, à mon bottier, au propriétaire de la maison dont j'occupe le plus modeste logis, la majeure partie des émolumens de ma petite place? Est-il en mon pouvoir de donner ce que je n'ai pas?

Ces réflexions étaient pénibles; elles revenaient sans cesse fatiguer mon esprit.

A force d'y rêver, il me vint enfin l'idée de tirer de mon cerveau ce qu'il ne m'était point possible de faire sortir de ma bourse. C'est donc pour être vendu en partie au profit des deux souscriptions, que j'ai livré à l'impression le mince opuscule que j'offre à ta curiosité, lecteur bénévole. Daigne l'accueillir avec bienveillance, et je pourrai lui donner une suite d'après le plan que tu y trouveras tracé.

Tout ce qui est publié par la voie des journaux tombe dans le domaine public. Je te le dis pour que tu le saches, lecteur mon ami; car les morceaux qui composent ma seconde lettre, et qui sont relatifs au général Foy, ayant été extraits du *Courrier Français*, du *Constitutionnel* et de *l'Indicateur*, tu croirais peut-être qu'on aurait le droit de me faire un procès de *tendance à m'emparer du bien d'autrui;* et je désire te rassurer à cet égard.

Le Flaneur.

Lettre première.

Bordeaux, le 15 Décembre 1825.

Oh! mon cousin! que le curé de notre paroisse avait bien raison de dire dans son prône que tous les hommes devraient vivre entr'eux sans noise ni querelle, et suivre à la lettre le précepte du saint Évangile, qui défend de convoiter l'âne ou la femme du prochain, rien de ce qui lui appartient. Depuis que je plaide pour avoir la vigne de mon vieil oncle, je n'ai plus ni paix ni trève pendant le jour, et la nuit les importunités de ma conscience me tiennent souvent éveillé : car elle prétend que mes droits sur cette propriété ne lui paraissent pas suffisamment établis. Encore, si ce chien de procès finissait, il n'y aurait que demi-mal! On se console de bien des choses avec de l'or par le tems qui court! Mais tous ces gens de loi sont terribles! Ou terminez l'affaire, ou bien rendez l'argent, Monsieur, disais-je ces jours derniers à mon avoué. Rendre l'argent! me répondit-il d'un ton à faire reculer dix gendarmes! y pensez-vous sérieusement? Et pour appaiser le courroux de l'homme de justice, il me fallut encore lui donner quelques pièces de vingt francs, qu'il jeta négligemment dans le tiroir de son beau secrétaire d'acajou, d'où, hélas ! elles ne sortiront plus pour rentrer dans ma bourse.

Tout cela me tracasse et me chagrine. D'un autre côté, l'ennui, ce véritable poison de l'âme, me dévore; et comme je ne veux pas être dévoré, Dieu me garde de mort violente d'aucune espèce! je cherche des-distractions partout où j'espère en trouver; au théâtre, au café, sur les places publiques et jusque dans les cimetières, où je vais quelquefois méditer sur le néant des grandeurs humaines.

Retiré volontairement du monde, comme le rat de la fable dans son fromage, vous vous plaignez d'ignorer ce qui s'y passe, ou que, si de la ville, on vous importe quelque nouvelle intéressante, elle vous arrive presque toujours défigurée par les gobe-mouches de votre hameau : car où diantre les gobe-mouches ne se fourrent-ils pas? j'en trouve en tous lieux; et peut-être m'advient-il d'en augmenter souvent le nombre. Quoiqu'il en soit, puisque vous désirez que mes lettres aillent charmer vos loisirs champêtres et rompre la monotonie de votre solitude, je m'engage volontiers à vous composer un tableau en raccourci, de ce qui se passera d'un peu remarquable, tant à Bordeaux qu'ailleurs; et, quand l'occasion s'en présentera, nous rirons ensemble des folies de l'espèce humaine.

Je ne me crois pas plus d'esprit qu'un autre,
cousin; mais j'ai un gros bon sens bourgeois, dont
je me contente, faute de mieux, et quelque ex-
périence acquise à mes dépens. Je ne suis pas
savant non plus, et il y a vingt-cinq ans que
j'oublie ce que j'ai eu tant de peine à apprendre
dans ma jeunesse; moins encore philosophe; le
métier n'en vaut plus rien, et peut avoir ses in-
convéniens dans le siècle où nous sommes. Ainsi
ne comptez nullement sur une diction fleurie,
élégante, pleine de métaphores et surchargée
d'érudition : me préserve le ciel de me perdre
dans les nues! Mon style est ma pensée; il est
uni comme elle; et, soit que je parle, soit que
j'écrive, je veux que chacun me comprenne;
depuis celui qui a séché de dépit sur les théorè-
mes d'Euclide, jusqu'à l'humble et honnête mar-
chand, qui se dandine sur la porte de son maga-
sin en lisant l'*Indicateur* ou le *Mémorial.*

S'il s'agissait d'un ouvrage destiné à l'amuse-
ment quotidien, hebdomadaire ou mensuel, du
public, je l'aurais annoncé d'avance par un prospectus bien pompeux, bien charlatan, d'après
lequel je promettrais monts et merveilles, comme
c'est l'usage : mais un écrit de cette nature n'est
souvent qu'un beau portique qui conduit à des
ruines. Cette lettre-ci en tiendra lieu, soit que je
la livre à l'impression, comme me le conseille
mon amour-propre, soit qu'elle demeure entre
nous pour nos délassemens particuliers. Dans

tous les cas, à l'ombre des pins de vos forêts, ou
à la lueur vacillante de vos flambeaux de résine,
vous pourrez la lire en sûreté de conscience à vos
amis de toutes les couleurs ; car je n'entends ni
fronder l'autorité, ni faire rougir la pudeur ; et
j'éviterai avec soin les critiques amères qui irri-
tent, les personnalités qui offensent, l'inconve-
nance qui choque, et la monotonie qui endort.

Mais entrons en matière sans autre préambule.

--- Vous savez que j'ai passé une partie de mes
plus belles années en Italie, ce brillant théâtre
de nos triomphes militaires, toujours changés en
cyprès, sur lequel nous tentons vainement de
nous établir depuis huit siècles, et qu'à juste
titre on peut considérer comme le tombeau de
vingt générations de nos guerriers. Sous l'in-
fluence voluptueuse de ce beau climat, mes sens
se sont amollis. *Il dolce piacere di non far
nulla*, est devenu l'une de mes plus douces
jouissances ; et, si je ne suis pas un paresseux,
dans le sens littéral du mot, j'aime assez qu'un
long repos succède à un travail de courte durée.
Ne soyez donc pas surpris si je ne vous ai rien
dit encore du petit météore littéraire qui appa-
raît sur l'horizon de nôtre bonne ville depuis
quelques mois, et qui doit, disent messieurs les
intéressés, porter la lumière au loin. Oh ! je leur
souhaite bonne chance !

*Que celui qui n'ose marcher seul se fasse
accompagner,* disait jadis le docte père Kircker,

inventeur de la lanterne magique, et qui a publié un gros livre pour prouver que le centre de la terre était habité par des hommes verts. Une société de cinquante amateurs vient de se former pour remplir, dit-elle, *la grande lacune qui existe depuis long-tems dans la polémique borde-laise,* et publier un journal hebdomadaire: c'est le *Kaléïdoscope,* titre aussi harmonieux à l'oreille que doux à prononcer. Les premières livraisons viennent de me tomber sous la main. Voyons un peu comme on s'y prend, sur les bords de la Garonne, pour remplir une *grande lacune po-lémique.*

Pour commencer d'une manière convenable, monsieur KALÉÏDOSCOPE personnifié réclame l'indulgence du public, et particulièrement celle des belles dames, en vers de toutes longueurs, selon que ses idées s'étendent ou se resserrent. Il suppose d'abord qu'après avoir été jeté honteusement dans un coin, au grenier ou dans la cave, je ne sais lequel, il était sans appui,

> Lorsqu'un beau sentiment qu'on nomme dignité
> Vient offrir à ses yeux sa brillante chimère,

et lui dire

> . . . . . . d'une voix noble et fière
> Que fais-tu dans la fange, où languit détesté
> Le domaine blasé de la caducité ?

pensée noble et sublime, que je regrette de ne pas comprendre. ...

Lève-toi, etc. . . . .
　　Sexe charmant, c'est en toi que j'espère.
　En faveur du joujou, pour l'œuvre hebdomadaire
　　Réserve encore ta bonté.
　　Sous ton égide, au monde présenté,
　　　Qu'ai-je à craindre d'un sort contraire ?
　Souris à mes efforts, deviens-moi salutaire,
　　Et je remonte au rang d'où j'ai chuté.

D'où j'ai chuté, cousin ! Ah ! cousin, quelle chute ! Phaëton en fit-il jamais une plus belle ? Que le poëte qui l'a faite est un mortel favorisé des dieux, s'il a le bonheur de satisfaire le goût fin et délicat de messieurs les Bordelais avec des vers ainsi fabriqués !

Voilà pour le début poëtique de l'*œuvre hebdomadaire.*

--- La pièce qui suit a pour titre *de la puissance de l'éducation sur les hommes ;* espèce d'homélie académique qui m'a paru renfermer quelques propositions contradictoires, les unes hétérodoxes, les autres philosophiques dans le sens abstrait. Je vais en citer deux sur lesquelles je ferai mes petites remarques.

Dieu laissa à l'homme, (après la malheureuse dégradation de son être), l'instruction pour éclairer son intelligence, etc.

A cela je réponds :

Dieu ne laissa pas et ne pouvait pas laisser l'instruction à l'homme déchu, lorsqu'il le chassa du paradis terrestre et le bannit de sa présence ; du moins rien ne nous apprend que notre pre-

mier père fut un savant quand il goûta le fruit
défendu, ni qu'il le devint après; mais, dans sa
miséricorde infinie, l'Éternel rapprocha l'espèce
humaine de sa divinité en lui accordant, outre
l'âme immortelle qu'elle avait déjà, une intelligence supérieure à celle des autres animaux, et
la faculté de la développer à l'aide des siècles :
ce qui est fort différent.

*L'analyse de la pensée est faite et ramenée
à la médiation des organes , etc.*

Si j'avais l'honneur de connaître personnelle-
ment l'auteur de cette proposition, je le prierais
de me dire de quelle *pensée* il entend parler. Je
ne crois pas que ce soit de l'acte particulier de
l'esprit lorsqu'il agit, mais bien des opérations de
l'âme; car le mot *pensée* les renferme toutes. *Il
n'y a que les substances spirituelles qui soient
capables de la pensée,* selon Condillac. En ra-
menant la pensée à la seule médiation des parties
organiques du corps humain, n'est-ce pas entrer
dans la voie du matérialisme, et dire implicite-
ment, d'après Hobbes et Spinosa, que l'organisa-
tion des êtres, au moral comme au phisique, n'est
qu'un accident, une simple modification de la
matière? Telle n'est pas, j'en suis certain, l'opinion
de M. le directeur de l'École royale des sourds-
muets. Son discours, morceau purement didac-
tique, dont le style, au reste, ne manque ni de
nerf ni de coloris, est celui d'un chrétien qui sait
que l'âme est immortelle, et que Dieu est le juste

rénumérateur des bonnes œuvres. Si quelques-
unes de ses phrases présentent un sens douteux
à l'examen, c'est qu'il n'a pas jugé convenable
de leur donner tout le développement dont elles
étaient susceptibles.

Au surplus, je n'ai pris un vol aussi élevé que
pour vous prouver qu'il ne me serait pas plus
difficile qu'à un autre, de déraisonner en méta-
physique, si je voulais en prendre la peine. Mais
je vais redescendre à mon diapason ordinaire,
et redevenir Gros-Jean, comme devant.

— Mon intention était de passer en revue les
treize livraisons du *Kaléïdoscope*, pour arriver
à la quatorzième, qui est la dernière au moment
où j'écris ; mais ce travail serait trop long, et j'y
renonce. D'ailleurs ce terrain est un peu aride à
parcourir. Néanmoins je ne puis me refuser la
satisfaction de vous dire deux mots en passant,
de la lettre du Solitaire de Benauges, type,
autant que je puis croire, du ton léger et de
bonne plaisanterie qui doit régner dant l'*œuvre
hebdomadaire,* et lui assurer un succès durable.
Voyons ce que cet échantillon de sel attique gas-
con nous promet pour l'avenir.

Bien que naturellement curieux, je ne suis pas
questionneur ; mais en conscience, je ne puis
m'empêcher de demander à l'auteur de cette
lettre campagnarde, pourquoi son héros, *vieil
amateur des sciences et des arts,* qui parle de
ses longs voyages et de ses vastes connaissances,

est-il *chaque soir la victime de mille plaisan-
teries , dans le cercle politique , littéraire ,
commercial et religieux* de son hameau de
treize feux, dont il devrait être l'oracle et l'orne-
ment? Il faut nécessairement que cet homme
soit d'un ridicule achevé, ou que les gens qui
l'entourent aient perdu leur bon sens.

Quoi qu'il en soit, voilà notre solitaire qui se
détermine un beau matin à *se rapprocher du
foyer des lumières,* et à se mettre *au niveau
des belles et bonnes choses* dont il paraît friand.
Cette louable détermination prise , il met, non
ses bottes ou son manteau de voyage, mais *sa
philosophie à l'index,* et il vient passer quinze
jours à Bordeaux, où, de son aveu, on y dépense
en cinq minutes, autant que dans son village *en
toute une année.* L'hyperbole est forte !!! Et
notez bien que ce philosophe improvisé , qui a
du blé dans ses greniers, à n'en plus finir; du vin
dans ses caves dont il ne sait que faire, s'embar-
que, par économie, *sur le léger esquif d'un pêcheur* (quoique la nacelle d'un pêcheur ne soit
pas un esquif), parce que les bateaux à vapeur
*font chèrement payer la commodité du trans-
port;* et cela pour avoir occasion de s'écrier :
Cinquante sous, messieurs! c'est une somme!

Que vous en semble, cousin? Ce Monsieur de
Benauges ne s'entend-il pas aussi bien à dépenser
son argent qu'à faire de la bonne prose?

Après avoir parcouru la ville et la banlieue ,

mon solitaire entre dans un cabinet de lecture
pour se réconcilier avec lui-même ; car *il y a
neuf jours qu'il n'a jeté les yeux sur un
journal politique,* où il aurait trouvé et porté
au village *dont il est citoyen, des nouvelles du
pape au cher curé, le bulletin des lois au no-
taire, et le prix des grains à M. Charles,* ex-
prêtre qui pioche la terre. Là, le prospectus du
Kaléïdoscope lui tombe sous la main, par un de
ces hasards qu'on arrange à volonté. Il le lit. Tout
lui en plaît, depuis l'épigraphe jusqu'au nom de
la rue où il a été imprimé ; et il trouve, ce que,
hélas ! ce que je n'ai pu y découvrir en cherchant
bien, *une délicate réfutation de quelques ar-
gumens des fatalistes :* ce qui rappelle à ma
mémoire les fameuses propositions de Jansénius.
Saisi, à cette lecture, de la plus vive admiration pour un journal qui n'avait point encore
paru alors, le voilà qui *laisse la politique,*
c'est-à-dire, les *nouvelles du pape, et le prix
des farines,* et qui supplie humblement Messieurs les rédacteurs du *Kaléïdoscope,* de lui
permettre de leur adresser quelquefois des notes
sur la *vallée de la Roquette,* ainsi que les réflexions du cercle académique de son endroit.

Et ces Messieurs, trop honnêtes assurément,
pour rien refuser à un écrivain qui manie aussi
bien la plume, obtempèrent gracieusement à sa
demande, et voilà comme quoi l'épitre philoso-
phique du citoyen d'un hameau de treize feux,

fruit d'une imagination riante et badine, se trouve
couchée tout de son long dans le premier numéro
de l'*œuvre hebdomadaire*.

Ne croyez pas, mon ami, que censeur morose
et incommode, j'aie formé le projet de tout blâ-
mer dans le nouvel ouvrage périodique dont je
vous entretiens, et que ce soit chez moi un parti
pris de n'y rien trouver à louer; pas le plus petit
mot pour rire. A Dieu ne plaise qu'un si coupable dessein me vienne à l'esprit! Je n'entends
pas d'ailleurs me brouiller avec des gens qui peu-
vent me dire vertement mon fait le samedi de
chaque semaine, par la voie de l'impression, que
Rivorol appelle *l'artillerie de la pensée*. Certes
le *Kaléïdoscope* n'a pas débuté d'une manière
brillante. Un bon nombre d'articles sans intérêt,
des personnalités, des niaiseries, telles que *l'esprit de parti, l'architecture aquatique, le
serin évanoui,* et le conte usé de *la tête de St.-
Denis,* en déparent les premières livraisons : mais
celles qui ont suivi, contiennent de fort bons morceaux. Les vers de M. le D.ʳ Violand sont char-
mans. Le *café de la préfecture* est d'un homme
aussi spirituel qu'observateur fin et judicieux :
j'en ʾdirais autant de l'article sur les diverses
acceptions du mot *place*, si l'auteur n'avait
pas laissé échapper de sa plume une phrase qui
manque de justesse, et qui renferme en outre
une idée repoussante. Nous n'avons point en
France de Jeffreys parmi nos magistrats. Dans

ses hautes et importantes fonctions, qu'on ne
saurait trop honorer, le procureur du Roi (ou
son substitut), chargé de la vindicte publique,
poursuit le coupable dans l'intérêt de la société,
mais c'est la loi qui le condamne; et il n'appartient qu'au bourreau de *rêver à son exécution.*
Au reste cette tâche n'empêche nullement que
l'article ne soit digne de fixer l'attention du lecteur; et si le *Kaléidoscope* en donnait souvent
de semblables, la critique n'aurait qu'une tâche
agréable et facile à remplir.   *Vate.*

Lettre deuxième.

Bordeaux, le 1.er Janvier 1826.

Douloureusement affecté par le funeste événement qui ravit à la France le général Foy
au milieu de son honorable carrière, je ne vous
en dirai que peu de mots. Mais je vais vous
faire part de ce qui a été écrit jusqu'à ce jour
sur la mort prématurée de cet éloquent défenseur de nos libertés, qui a paru sur notre
horison politique comme un brillant météore,
dont la lumière vive et pure n'a eu, hélas !
qu'une trop courte durée.

Quelques journaux se sont dégradés au point
d'outrager la mémoire de ce vertueux publiciste
qui comprenait si bien la monarchie constitu-
tionnelle, et le dogme de la légitimité, dogme
sacré qu'on ne saurait attaquer sans ébranler

les fondemens de l'ordre social. Laissons - les
dans la fange où ils se plongent. Étranger à
tout esprit de faction, orateur énergique, mais
jamais tribun fougueux, le général Foy n'eut
en vue que l'intérêt général, l'honneur du trône,
et la prospérité de la patrie. Les hommes de
bien de tous les partis lui rendent hautement
justice.

Ombre illustre, repose en paix ! Le silence
de ta tombe n'est interrompu que par une
seule voix, celle de la douleur ; et c'est la nation entière qui l'a fait entendre pour déplorer
ta perte !

Lorsqu'à son retour des eaux de Barréges,
il y a environ six mois, une partie des habi-
tans de Bordeaux se porta sous ses fenêtres,
rue *Esprit des Lois*, et le salua aux cris de
Vive le Roi ! Vive la Charte ! Vive le général
Foy ! personne ne croyait lui dire un éternel
adieu. Si par une triste prescience on s'en fût
douté, les acclamations de la joie eussent été
mêlées de larmes.

Le hasard a voulu que je me trouvasse au
milieu de la foule qui remplissait les avenues
de l'hôtel où il était descendu Un orchestre,
composé des meilleurs musiciens , exécutait
de brillantes sérénades, et l'ordre qui régnait
partout, donnait à cette réunion simultanée l'air
d'une fête de famille. Trop forte pour être
ombrageuse, l'autorité n'y est point intervenue

2

et] chacun s'est retiré paisiblement chez soi, sans avoir] vu ni sabres de gendarmes, ni baïonnettes de grenadiers. Quelques mouches voltigeaient peut-être tout au travers des groupes ; mais je doute qu'elles aient pu trouver l'occasion de faire la moindre piqûre de leur aiguillon envenimé.

» Le général n'avait éprouvé aucun soulagement de son voyage dans les Pyrénées. Depuis son retour à Paris, son mal se fit enfin reconnaître aux symptômes effrayans qui caractérisent cette maladie : le général Foy mourait d'un anévrisme au cœur. Depuis quinze jours, les spasmes, devenus plus vifs et plus fréquens, lui annonçaient sa fin prochaine, et la force de son âme semblait croître avec ses souffrances. Il passait la plus grande partie de ses longues journées dans la chambre de sa femme, et trouvait plus de courage auprès d'elle pour supporter les assauts meurtriers auxquels il était en proie. Lorsqu'il sentait approcher de son cœur les étreintes convulsives qui brisaient sa respiration, il se levait, se promenait à grands pas, et la douleur excessive contre laquelle il se roidissait, conservait encore sur ses traits décomposés l'expression d'une pensée généreuse.

» Chaque jour, vers midi, il faisait un nouvel essai de ses forces, et sortait en voiture avec le capitaine Arthur Foy, son neveu et son aide-

de-camp. Ces promenades lui faisaient du bien
» J'ai besoin d'air et d'espace, disait-il, tout se
resserre autour de moi. » Il rentrait vers quatre
heures, et passait la soirée au milieu de ses enfans, dont les jeux l'intéressaient vivement.

» Le 17 Novembre, le général Foy se leva préo-
cupé du désir de voir encore une fois le Jardin
des Plantes ; sa femme, un de ses neveux et le
plus jeune de ses fils l'accompagnèrent. Arrivé au
pont des Tournelles, en voyant l'abondance des
provisions dont les quais étaient couverts :» *Puisse
cette année* (1825), dit-il avec un soupir, *être
aussi heureuse qu'elle est abondante !* » A la
vue du pont d'Austerlitz, dont il admirait l'architecture, il s'est écrié : « Le nom de ce tro-
» phée rappellera long-tems aux Français leur
» plus belle victoire ».

» Il se promena un quart-d'heure dans le
jardin, et en retournant pour regagner sa voiture : « *Je ne suis jamais venu ici sans aller
voir Geoffroy Saint-Hilaire ; aujourd'hui
je n'en ai point la force,* » dit-il à sa femme
et d'un ton de voix plus bas, à son neveu :
je suis un homme fini.... » Ce fut sa dernière
promenade.

» Le lendemain il s'était mis à la fenêtre et
regardait ses enfans jouer dans le jardin ; l'aîné
de ses fils, âgé de dix ans, se promenait tristement loin de ses frères, aux amusemens des-
quels il évitait de prendre part ; le général le

fit appeler : « Mon bon Fernand, lui dit-il, pourquoi es-tu si triste ? » L'enfant sans lui répondre jeta les bras autour de son cou, et les mots mon papa! mon bon papa! furent les seuls qu'il pût articuler au milieu des sanglots qui le suffoquaient. Son père le pressa contre son cœur et penchant sa tête sur lui, il pleura.

» A partir du dimanche, 20 Novembre, la maladie prit un caractère désespérant, le malade ne dormit plus; les spasmes qui se succédèrent presque sans interruption pendant cette nuit l'obligèrent à se tenir constamment assis sur son lit, où la moindre pression du dos lui causait d'intolérables douleurs.

» Plus calme le lundi matin, il essaya encore de sortir en voiture, mais il fut obligé de rentrer au bout de vingt minutes; on le pressa de prendre quelqu'aliment, il but un bouillon que son estomac rejeta aussitôt; à huit heures du soir il fit, sans succès, une seconde tentative... Ce fut la dernière.

» Toutes les nuits qui suivirent, les spasmes du cœur combattirent sans relâche le sommeil qui l'accablait, et auquel il cédait à peine, qu'un étouffement subit l'arrachait au repos dont la nature épuisée avait tant besoin.

» Il attendait le jour avec une impatience dont il indiquait la vivacité, en faisant signe du doigt à l'aiguille de la pendule qu'il avait sous les yeux, de parcourir plus rapidement le cercle des heures.

Il éprouvait un mouvement de joie lorsque la première clarté du jour entrait dans l'appartement, et saluait l'aurore d'un douloureux sourire.

» Dans la nuit du lundi au mardi il fit étendre à terre quelques matelas sur lesquels il acheva de souffrir. Dans l'intervalle des spasmes, qui revenaient toutes les cinq minutes pendant les derniers jours de sa maladie, on l'avait entendu s'écrier : *Quelle journée après une pareille nuit, quelle nuit après une pareille journée !*

» Ses paroles sans suite peignaient éloquemment ses souffrances et l'état de son âme. Il prononçait souvent le nom de ses enfans, de sa femme et de ses neveux, et les mots de *France* et de *patrie.*

» Depuis quelques jours, sa tendre, son héroïque épouse ne s'en rapportait qu'à elle seule du soin de faire, d'heure en heure, de légères frictions sur le cœur du malade, seul remède qui apportât quelque soulagement à ses maux. Dans la nuit qui précéda sa mort, comme elle était occupée à remplir ce triste devoir, il arrêta un moment sa main sur son cœur : *Pauvre amie,* dit-il, *tu souffres autant que moi.....*

» Courageux contre la mort qu'il voyait approcher sans effroi, il tenait cependant à la vie par de si tendres liens, qu'il prescrivait lui-même les remèdes violens qu'il croyait propres à la lui conserver. Le sifflement de la pompe à ventouse déchirait le cœur des assistans : « *Martirisez-*

moi, disait-il, *la douleur fait diversion à mon mal.*

» Quelques minutes avant sa mort, il tourna un regard à demi éteint vers sa femme, assise à ses côtés, et lui prenant la main : *C'est toi, ma bonne amie.... je te vois.... ; et nos enfans !...* Il s'arrêta ; et cette âme forte eut le courage de ne point briser le cœur d'une mère en lui offrant le spectacle déchirant de ses cinq enfans rassemblés autour du lit de leur père, qui était près d'expirer.

» Ses neveux profitèrent d'un moment de calme, sur lequel ils ne se faisaient pas illusion, pour entraîner la malheureuse épouse hors la chambre avant le moment fatal. A l'instant où ils rentrèrent, le général témoigna le désir ou plutôt la volonté de sortir de son lit et de changer de place. Son valet de chambre, Peronko, grec de Philippopoli, qu'il avait pris à son service lors de son séjour en Turquie, fut appelé pour aider ses neveux ; mais à peine l'a-t-on soulevé, que sa tête se penche du côté gauche ; on l'étend de nouveau sur son lit, son front se relève, ses yeux éteints brillent tout-à-coup d'un éclat extraordinaire, se tournent vers le ciel, où son regard sublime s'arrête et se fixe pour toujours.

» A ce mouvement imprévu, ses neveux se précipitent sur ce corps inanimé, ils le pressent de leur poitrine nue, ils cherchent à le réchauffer de leur haleine, leurs cris l'appellent ; mais c'est

vainement qu'ils font retentir à son oreille le nom
de son épouse : son cœur reste muet, il a cessé
de vivre. A ce spectacle, le malheureux Peronko se
roule par terre à la manière de l'Orient, comme
un homme à qui l'on vient d'annoncer son sup-
plice, il place sa tête sous les pieds de son maî-
tre, et rendu par la douleur à l'expression naïve
de ses sentimens, c'est en langue bulgare qu'il
fait parler son désespoir.

» Il était une heure trente-huit minutes quand
le général Foy rendit le dernier soupir » .

Ces détails ont été puisés dans une petite bro-
chure, où sont rassemblés tous les faits, toutes
les expressions par lesquels s'est manifestée la
douleur publique, dans cette lugubre JOURNÉE DU
30 NOVEMBRE 1825, dont elle porte le titre. Vieux
soldats de l'ancienne armée, vous verserez des larmes comme moi en les lisant, et vous répéterez,
d'après M. Etienne, son ancien collègue et son ami :

» La France pleure un de ses plus nobles enfans;
l'armée a perdu un de ses plus vaillans capitai-
nes, la liberté le plus éloquent de ses défenseurs.
Le général Foy, jeune encore, a terminé ses jours
hier, 28 Novembre, à une heure trente-huit minutes de l'après-midi, jour d'affliction pour tous
les amis de la patrie. Ce sinistre événement a
bientôt parcouru la capitale attristée; le soir on
n'entendait de toutes parts que cette douloureuse
exclamation : *le général Foy est mort ! quelle*

perte irréparable ! quel malheur ! Telles sont
les paroles qui sont sorties de tous les cœurs, et
que répéteront tous les Français en deuil. ·

» Cette nouvelle douleur va saisir la France au
milieu de toutes les angoisses qui déchirent son
sein. Athènes et Rome n'ont pas versé plus de larmes sur les cendres de leurs guerriers que Paris
n'en répandra sur la tombe d'un héros citoyen.
Et ces larmes ne seront point stériles ! Quand un
des nobles défenseurs de la Grèce payait le tribut à
la nature, la Grèce entière adoptait les orphelins
qui étaient restés en bas-âge. « Puissant aiguillon,
dit Thucydide, pour exciter la vertu parmi les
hommes ; car elle se trouve toujours là où le mé-
rite est le mieux récompensé. » La France suivra
un si noble exemple ; elle sera la mère adoptive
des jeunes enfans de l'homme illustre qui meurt
dans toute la pureté de sa gloire, de l'orateur
national qui vécut et qui mourut pour elle. La
vie que cent fois il risqua sur les champs de ba-
taille pour l'indépendance de son pays, il l'abré-
gea en défendant chaque jour ses libertés ména-
cées ; car il avait cette ardente sensibilité que
donne le génie, et qui fait mourir.

» Ce cœur si noble et si généreux n'avait pas
un battement qui ne fût pour son pays. Qui n'a re-
tenu les brillantes improvisations de sa vive éloquence !. Jamais sa voix ne manqua à la défense
d'un opprimé, à la dénonciation d'un abus. Il
était à la tribune comme au champ d'honneur,

toujours le premier, toujours le dernier, il forçait
la haine même à l'admiration de son talent, et la
servilité au respect de son caractère; le pouvoir
était forcé de l'entendre, et l'esprit de parti
l'écoutait.

» Pur comme son talent, il garda sa vertu au
milieu du naufrage de tant de renommées. Son
désintéressement égalait son courage; il ne laisse
d'autre fortune que son épée et le souvenir de sa
vie; une épouse digne de lui, cinq enfans en bas
âge, tels sont les objets chéris qu'il lègue à la
France, et que recueillera avec une réligieuse
douleur la reconnaissance nationale.

» La mort de cet illustre orateur n'est pas seu-
lement une perte pour le pays qui l'a vu naître; sa
gloire appartenait à la civilisation, dont il a sou-
tenu les droits; son deuil sera porté par les deux
mondes ».

Ce que vous venez de lire a dû fortement
émouvoir votre sensibilité et vous disposer à la
tristesse; mais les deux pièces de vers qui suivent
vont élever votre âme aux plus nobles sentimens,
et vous charmer par l'harmonie séduisante d'une
admirable poésie. Voici la première; elle a été pro-
noncée sur la tombe du héros, par M. *Viennet.*

DITHYRAMBE

Foy n'est plus! Liberté, prends tes voiles de deuil ;
Et qu'un torrent de pleurs sillonne ton visage.
Dans l'éclat de sa gloire, au midi de son âge,
Ton plus cher défenseur vient d'entrer au cercueil.

Déesse du vieux Tibre et de Sparte et d'Athènes,
Foy n'est plus ! la tribune a perdu son flambeau,
   Et la France son Démosthènes.
Viens pleurer avec nous autour de son tombeau.
O ma patrie ! objet de son pieux hommage,
Toi, que, depuis trente ans, s'honoraient de servir,
   Son éloquence et son courage,
Toi, dont l'oreille avide aimait à recueillir
   Les prodiges de sa parole ;
Au cœur de tes enfans va long-tems retentir
Le coup affreux, le coup dont la parque l'immole.
   Ils répondront par des sanglots
Au cri que va pousser la triste Renommée :
   Et les vétérans de l'armée
Rediront en pleurant les exploits du héros.
Vous ne l'entendrez plus répéter vos louanges,
Vainqueurs de Marengo, d'Austerlitz, d'Iéna,
Compagnons de Kléber, guerriers de Masséna ;
Vestiges mutilés de nos vieilles phalanges.
   A vos impuissans détracteurs,
Vous ne l'entendrez plus opposer votre gloire,
Ennoblir vos revers, et devancer l'histoire
   Dans ses arrêts consolateurs.
Eh ! quelle voix plus digne eût loué ces vainqueurs,
Sous qui tomba cinq fois une ligue d'esclaves ?
   Le modèle des orateurs
Ne fut-il pas aussi le modèle des braves ?
   A peine sur nos bords, cernés de toutes parts,
Retentit de Brunswik l'insolente menace,
Il suit de nos vengeurs les nouveaux étendards.
Son âge est oublié par sa bouillante audace.
Et des jeux de l'enfance il vole aux jeux de Mars.
Il a vu Dumourier, dans les plaines belgiques,
Etouffer sous ses pieds les foudres germaniques,
Qu'agitait sur nos fronts le courroux des Césars.

Il apprit les combats sous Custine et Dampierre.
Son coursier triomphant souleva la poussière
    Des champs d'Hondscote et de Fleurus.
Aux rives de la Sambre , il suivit la bannière
    De cette phalange guerrière ,
Où Rome eût retrouvé ses antiques vertus.
    Mais qui pourrait compter les jours et les armées
Où le grand citoyen, objet de ma douleur,
Parmi tant de héros et tant de renommée ,
A fait de tant d'éclat resplendir sa valeur?
Son bras de l'Hellespont a défendu les rives ;
Son sang a ruisselé sur les plages captives
Du Tage et du Wahaal, du Danube et du Pô.
L'ennemi, jusqu'au bout, l'a trouvé dans nos lices ;
Et celui dont Jemmape avait vu les prémices ,
N'a déposé le fer qu'aux champs de Waterloo.
Il est tombé sanglant dans les champs de carnage
Où les rois ont vengé leur vingt ans d'esclavage ,
Où les destins de l'aigle ont fini sous leurs coups.
Ses amis éplorés frémissaient pour sa vie ,
Et la fille d'Hilliers , à ce héros unie ,
    Pleurait le meilleur des époux.
Mais pour lui s'est ouverte une lice nouvelle :
Et ses vertus alors ont fléchi le tombeau.
A de nouveaux lauriers la liberté l'appelle :
    Et la palme de Mirabeau
Aux palmes de Desaix sur sa tête se mêle.
De nos droits menacés éloquent défenseur,
Il laisse aux courtisans encenser la fortune :
Et tel qu'aux champs de Mars , il s'offre à la tribune
    Sans reproche et sans peur.
Aux bienfaits du pouvoir, à son or corrupteur,
    Son cœur préfère les hommages
D'un peuple généreux, dont sa noble candeur
N'a jamais acheté ni trompé les suffrages :

Et ceux qu'il a blâmés, ceux qu'il a combattus,
Comme sa loyauté proclament son génie ;
  Et la haine et la calomnie
Ont comme ses talens respecté ses vertus.
Eh ! qui pourrait flétrir cette noble existence ?
Qu'ils viennent ces mortels dont la servilité,
  Dans les fils de la liberté,
 Ne voit que les enfans de l'impure licence.
Ce tombeau leur dira que cet homme de bien,
Dans ces jours de terreur où périssait la France,
Se fit des opprimés l'intrépide soutien :
Que le fer des bourreaux fut levé sur sa tête :
Et que de nos tyrans la trop lente défaite
Fut l'unique salut de ce grand citoyen
La mort dans aucun tems n'effraya sa grande âme :
Il s'était dès l'enfance instruit à la braver.
Vers sa couche à pas lents il l'a vue arriver ;
Les combats, de ses jours avaient usé la trame.
Quand la mort l'a frappé, le héros était prêt ;
Il consolait encor sa famille attendrie.
Il est tombé sans peur, mais non pas sans regret,
  Car il vivait pour la patrie.
Te voilà maintenant sans voix et sans chaleur,
  Noble débris de cent batailles,
Magnanime guerrier, vertueux orateur.
Ah ! la patrie en deuil marche à tes funérailles,
Et paie à ta mémoire un tribut de douleur.
Du séjour radieux où l'Éternel réside,
Ombre illustre, vois-tu cet immense concours ?
La froide vanité, l'ambition perfide
N'y traînent point la pompe et le faste des cours.
C'est un peuple éperdu qui te donne des larmes ;
Députés, citoyens, guerriers et magistrats,
  Tous les rangs et tous les états
Sont ici confondus dans les mêmes alarmes.

Reçois l'adieu plaintif de ce peuple attristé,
Et jouis des honneurs que l'avenir t'apprête.
Ce peuple, dont ici ma voix est l'interprète,
    Est déjà la postérité.
Pour toi vient de s'ouvrir le temple de mémoire,
Et les fastes français, enrichis de ta gloire,
T'ont voué dès long-tems à l'immortalité.

La seconde pièce de vers dont je vous ai parlé
et qui va terminer cette lettre, a été insérée dans
l'*Indicateur* du 11 Décembre. L'âme du poëte l'a
improvisée dans un premier élan d'exaltation, et
son talent en a fait ensuite un morceau digne de
figurer à côté de celui de M. *Viennet.* Les cin-
quième et sixième strophes, surtout, sont fort
belles. L'auteur, M. *F. Giordan,* aujourd'hui né-
gociant à Bordeaux, et qui a joué, dit-on, un rôle
assez brillant sur la scène *du tems passé,* où
j'étais placé moi-même en meilleure posture que
je ne suis maintenant, ne m'est connu que de
réputation. J'en suis fâché, car j'aurais eu du
plaisir à lui faire mon compliment, et en lisant
ses vers je suis sûr que vous serez de mon avis.

L'APOTHÉOSE.

ODE ÉLÉGIAQUE.

Où va cette pompe funèbre ?
Quel est ce deuil ? Pour qui ces pleurs ?
Muse, quel est l'homme célèbre
Qui reçoit les derniers honneurs ?
Quel peuple les lui rend ? Sa gloire, quelle est-elle ?
A voir des citoyens la douleur solennelle,
On dirait que l'État vient de perdre son Roi :
Au nom de ses bienfaits, Calliope, instruis-moi !

« Barde , aux doux accords de ta lyre ,
» Module tes funèbres chants ;
» Qu'avec le France elle soupire ;
» Des regrets profonds et touchans.
» Pour les cœurs affligés les vers sont pleins de charmes.
» A ses augustes pleurs mêle tes doctes larmes ;
» Prends , pour orner ton front , de lugubres cyprès :
» C'en est fait... Foy n'est plus... ; exhale tes regrets !

» Tu vois son sublime cortége ;
» Les guerriers et le citoyen ,
» Dans leur douleur , que rien n'allège ,
» D'accord pleurent l'homme de bien.
» Paris , avec respect , sur sa tombe se traîne ;
» Les partis , à sa suite , ont déposé leur haine :
» Non loin de Siméon et du sage Gohier ,
» Vois marcher , à pas lents , et Choiseul et Royer !

» La génération nouvelle
» Pleine de savoir et d'amour ,
» Porte sa dépouille mortelle
» Jusques à son dernier séjour.
» L'industrie a tendu sa demeure paisible ,
» Le noble suit à pied l'agriculteur sensible ;
» Les plaisirs ont cessé : dans ce jour de douleurs ,
» Aux sanglots des Français , le ciel mêle ses *pleurs !!!*

» Défenseur de la loi commune ,
» Ardent ami des libertés ,
» Sa voix tonnait de la tribune ,
» Contre l'oppresseur des cités.
» L'étranger de son bras redoutait la vaillance ;
» Trente ans il combattit pour l'honneur de la France :
» Que lègue , le héros , des travaux de trente ans ?
» Son épée et son nom , sa femme et cinq enfans !!!

» En le nommant , j'ai dit sa gloire ,
» Sa gloire est toute dans son nom ;

» Six lustres entiers de l'histoire
» Sont consacrés à son renom ;
» Orateur belliqueux, et soldat philantrope,
» S'il défendit la France et combattit l'Europe,
» C'était pour abriter les peuples et les rois,
» Sous les rameaux sacrés de la Charte et des lois.

» Aussi la terre toute entière,
» Couverte d'un sincère deuil,
» Par la pensée, au cimetière,
» Viendra gémir sur son cercueil ;
» Ses trésors épurés par sa reconnaissance,
» Peut-être, quelque jour, pour consoler la France,
» Doteront son épouse et ses illustres fils,
» Et de son monument embelliront Paris.

» En attendant que cet hommage,
» Par les peuples reconnaissans,
» Soit offert aux mânes du sage,
» A son pays, à ses enfans,
» Barde, jette un regard sur l'antre du Ténare !
» Observe des méchans l'allégresse barbare.
» Notre ennemi n'est plus, disent-ils d'une voi,
» Sa mort a terminé sa gloire et notre effroi !

» Calligula, Néron, Tibère,
» Sanglans Procuste, Phalaris,
» Promoteurs de toute misère,
» Vrais fléaux de tous les pays ;
» Calmez l'effusion d'une allégresse impie.
» Celui que le trépas ravit à sa patrie,
» Méprisant désormais le sort fallacieux,
» Sur un rayon divin s'avance dans les cieux.

» Les roix pieux, les guerriers justes,
» Accourent au-devant de lui ;
» Chacun lui tend ses bras augustes,
» Chacun veut être son appui ;

» Les immortels, les saints, les vierges et les anges,
» Au son des harpes d'or célèbrent ses louanges ;
» Tandis que l'Éternel au céleste festin,
» Le fait avec éclat placer par le destin ».

    Ainsi répondit Calliope.

    Noble France, sèche tes pleurs ;

    Consolez-vous, peuples d'Europe,

    O terre, suspends tes douleurs !

Et toi, fille d'Illiliers, appaise ton angoisse,
Eloigne de tes fils la peine qui les froisse ;
Dans sa rage l'enfer, dans sa bonté les cieux,
Ont placé le grand homme au rang des demi-dieux.

Si mon imagination était moins rembrunie, je finirais cette épître par vous raconter une petite anecdote grivoise qui courait les rues de Bordeaux dernièrement, et dont le récit aurait sans doute déridé votre front assez ordinairement chargé de nuages; mais ce sera partie remise. D'ailleurs serait-il convenable de se livrer à la gaîté, lorsque le trépas du Français le plus éloquent de notre âge attriste nos âmes, et que celui d'un grand monarque nous cause quelque inquiétude? L'Autocrate de toutes les Russies vient de mourir à la suite d'une promenade sur la mer d'Asof; et un espace de deux mètres de long, sur cinquante centimètres de large, renferme aujourd'hui tout ce qui reste de l'homme qui commandait naguère à cinquante millions d'hommes ! Certes voilà un beau thème pour philosopher à perte de vue; mais il est près de minuit et je vous souhaite le bonsoir.